池上彰の
はじめてのお金の教科書

著 池上彰　絵 ふじわらかずえ

幻冬舎

はじめに

　お金って何だろう。そう聞かれたら、きみは何て答えるかな。「便利なもの」「もっとたくさん欲しい！」。以前、元気よく「バブル！」と答えてくれた子もいましたよ。けれども、お金について学校で教わったことのある子は、きっといないんじゃないかな。

　きみたちはもう、おこづかいをもらっているでしょう。お店で買い物をすると、商品の代金といっしょに「消費税」を払っているね。でも、消費税って何だろう。

　大人になると、働いてお給料をもらうことになります。そのお金を銀行に預ける人も多いでしょう。どうして、銀行にお金を預けるのかな。

　テレビでは、毎日のように「日本の株が上がった、下がった」とニュースになっています。「今日の外国為替市場は、１ドル＝110円でした」なんて話も、聞いたことがあるでしょう。じゃあ、そのニュースはうれしいニュースだろうか、悲しいニュースだろうか。

　こんなふうに、私たちの暮らしのそばには、いつもお金があります。それなのに、知らないこともいっぱいあるのが、お金の不思議なところですね。そのせいで大人になってから、お金のおかげで幸せになる人も

いれば、お金のせいでとんでもない失敗をしてしまう人もいます。もしかしたら、「お金ってこわいもの」というイメージを持っている子も、いるかもしれないね。

　でも、どうか、お金をこわがらないでください。お金は、たくさんの人を幸せにする、ものすごい力を持っているからです。

　きみたちも将来は、自分の力でお金をかせぎ、自分で考えてお金を使って、生活をしていくことでしょう。お金の正しい知識を知り、お金を上手に使えば、自分の暮らしが豊かになります。

　それだけではありません。お金を使うということは、きみが買った商品をつくっている会社や、そこで働いている人たちのお財布に、お金が入るということです。その人たちがまた、だれかのためにお金を使う。そんなふうに、お金は世の中をグルグル回り、たくさんの人たちの暮らしを支えています。

　きみたちがこれからの人生を生きていくとき、お金を上手に使う力が、きっと役に立ちます。学校では教えてくれないお金のこと、私といっしょに学んでいきましょうね。

もくじ

はじめに 02

第1章 お金のはじまりを知ろう

● お金がなかった大昔、人はどう暮らしていたのかな 08

● 「みんなが欲しがるもの」って、いったい何だろう 10

● さいしょの「お札」はだれがつくったのかな 12

● ただの紙とお札、ちがいはどこにある? 14

● お金にはどんな役割がある? あらためて考えてみよう 16

● お札の顔はいろいろだけど、どうやって決まるのかな 18

コラム❶ お札に最も多く登場したのはだれ? 20

第2章 お金のかしこい使い方

● きみのおこづかいは、使ったらどこへいくのかな 22

● いい買い物と悪い買い物、ちがいはどこにある? 24

● 買い物=その会社を応援することでもあるよ 26

● モノの値段はどうやって決まるのかな 28

● 「新しいお金」は、カード1つで買い物ができる 30

● 「新しいお金」、そんなに便利で大丈夫? 32

● 仮想通貨「ビットコイン」、本当に信用していいの? 34

● 毎月のおこづかいをきみはどう使っているかな 36

コラム❷ お札がやぶれてしまったらどうする? 38

第3章 銀行の役割を知ろう

- ただ1つの「日本銀行」は何が特別なんだろう ……… 40
- ニセ札を見分けるにはどうしたらいいかな ……… 42
- 銀行は「お金を預けるところ」。もう1つの大切な仕事は? ……… 44
- 銀行に預けたお金が増えるのはどうして? ……… 46
- すぐにお金を貸してくれるところもある。だけど…… ……… 48
- 生命保険会社はなぜつぶれないのかな ……… 50

コラム❸ お札はどのように印刷されている? ……… 52

第4章 お金のかせぎ方・増やし方

- お金をかせぎたい! 一番大切なことは何だろう ……… 54
- 世の中に「株式会社」が多いのはどうして? ……… 56
- 株式会社の「株式」ってどんな意味があるのかな ……… 58
- 貯蓄と投資のちがいは「リスク」にある! ……… 60
- 株式投資でもうけるコツをおさえておこう ……… 62
- お金を「守る」と「増やす」、どっちが大事? ……… 64

コラム❹ 世界にはユニークな税金がある! ……… 66

第5章 ニュースに強くなろう

- 「円が安い」「円が高い」って、どういうこと? ……… **68**
- 私たちはなぜ税金を払っているのかな ……… **70**
- 子どもたちもみんな払っている税金があるよ ……… **72**
- 日本の借金は1000兆円。本当に大丈夫かな ……… **74**
- お金がないなら、もっとお札を印刷したらいい? ……… **76**
- どうして景気はよくなったり、悪くなったりするの? ……… **78**
- 「インフレ」と「デフレ」、日本はどっちだろう ……… **80**
- 日本の格差社会は、これからどうなる? ……… **82**

お金の使い方を学んだきみたちへ ……… **84**

おわりに ……… **86**

[Special Thanks]
(授業に参加いただいたみなさん。敬称略)
秋吉彩生、天羽那菜、今井花怜、宇田川実生、小川真史、小野口蓮、金井夏凛、菊池遙馬、木下澪、小崎禅、小崎凪、近藤史理、下仁田陽可、城間咲来、菅澤来也、菅澤井也、杉浦沙羅、柄本あおい、馬場丈緒、松本香々、武藤詩歩、村田光稀、山本和佳、鷲谷碧音

※本書は、小学生の子どもたちに行った、特別授業をもとに構成したものです。

第1章

お金のはじまりを知ろう

第1章 お金のはじまりを知ろう

お金がなかった大昔、人はどう暮らしていたのかな

みんながモノを持ちよって市場ができた

さいしょは「物々交換」からはじまった

　これからするのは大昔、まだお金というものが、世の中になかったころのお話です。お金がないので、お店でお買い物をすることもできません。海では魚を、山ではシカやイノシシをつかまえて、みんな暮らしていたんです。

　でも魚をつかまえるのが上手な漁師さんも、たまにはお肉や野菜が食べたくなりますよね。そういうとき、きみならどうする？　山に出かけて狩りをする？　でも「自分は魚をとるのがとくいなんだ」といって山にいくのをイヤがる人もいるかもしれません。そういうとき、昔の漁師さんは、肉や野菜を持っている人のところにいき、自分がとってきた魚と交換してもらいました。こんなふうに、**モノとモノを交換することを、物々交換といいます。**

みんなが欲しがるものと交換しておく

　でも魚を持っている漁師さんが、いつも「魚と肉を交換してほしい人」を見つけられるとはかぎりません。そこで昔の人は**「みんなが一か所に集まる」**というアイデアをひらめきました。肉が欲しい人も、魚が欲しい人も、みんなが同じところに集まれば、「自分が欲しいと思っているものを持っている人」と出会うチャンスが大きくなります。市場のはじまりです。

　それでも物々交換できる相手を見つけられないときは、どうしましょうか。1つ、すばらしい方法がありました。その日、お魚とお肉を交換できなければ、**お魚を「みんなが欲しがるもの」と交換しておくんです。**こうしておけば、次の市場ではその「みんなが欲しがるもの」とお肉を交換できるかもしれません。

もっと知りたい！

「市場のはじまり」のはなし

物々交換したい人が、一か所に集まること。じつは、これが「市場」のはじまりです。四日市、五日市、といった名前の町が、日本のあちこちにあるのを知っていますか？　それは4のつく日や、5のつく日にみんなで集まりましょう、と決めていた場所が、そこにあった証拠なんですよ。

第1章 お金のはじまりを知ろう

「みんなが欲しがるもの」って、いったい何だろう

お米や布なら みんなが 欲しがった

お米や布が、お金がわりに使われた

じゃあ、みんなが欲しがるものといったら何だろう？　**日本人なら何といっても「お米」です**。魚や肉とちがい、稲は刈りとってから保存がきくところがいいですね。だからとりあえず、魚を稲と交換しておいてから、自分が欲しいものを探すことができるというわけです。そのころ、稲のことは「ネ」と呼ばれていました。「この魚はどれぐらいのネと交換できるかな」。そんな話をするうちに、**モノの値段や値打ちのことを「ネ（値）」と呼ぶようになったんです。**

着るものがつくれる「布」も、稲と同じように、物々交換のあいだを取りもつものとして使われました。いま、紙のお金のことを「紙幣」といいますが、「幣」という字には布という意味があります。

中国では貝、ローマでは塩

市場で交換されているうちに、稲がいたむこともあるし、布がよごれてしまうこともあります。みんなが欲しがるもので、もっと長持ちするものは、ほかにあるかな？
中国では、ピカピカしていてめずらしい**「子安貝」という貝殻をお金がわりに**していました。古代ローマでは、**「塩」がお給料がわり**でした。塩がなかなか手に入らない国ではみんなが塩を欲しがったんです。その塩のことを、古代ローマでは「サラリウム」といいました。何かに似ている言葉だと思いませんか？　そう、サラリウムは英語で「サラリー」。これは「お給料」を意味しています。やがて、お給料のために働く人のことを、日本では「サラリーマン」と呼ぶようになりました。

おうちの人と考えてみよう

「貝」がかくれている漢字

貝がお金のかわりに使われていた、という証拠が、漢字にかくれています。財産の「財」、貯金の「貯」、買い物の「買」……お金に関する漢字には、「貝」という字が使われていることが多いのです。ほかにはどんな漢字があるか、おうちの人といっしょに探してみてください。

11

第1章 お金のはじまりを知ろう

さいしょの「お札」はだれがつくったのかな

金貨や銀貨をたくさんはこぶのは大変だった

持ちはこびしやすいお金が必要だった

　大昔は、お米や布、貝殻がお金のかわりだった、というお話をしました。でも、もっとじょうぶで長持ちして、持ちはこびがしやすいもの、それでいて、みんなが欲しがるものって、ないかな？
　答えは、**金、銀、銅といった、金属です**。オリンピックのメダルの色と同じですね。ピカピカしてきれいで、しかも簡単には手に入らない貴重品。ちょっと熱をくわえるだけでドロドロに溶けるので、形をかえるのも簡単です。こうして、金貨、銀貨、銅貨が生まれました。金属を小さく、軽く、まるい形に加工したものですね。**金貨や銀貨さえあれば、何でも欲しいものと交換できる**。これが大発明になって、世界中で使われるようになりました。でも1つ問題がありました。金属は重たくて、たくさんの金貨や銀貨を持ちはこぶのは大変です。

金貨を預かった大金持ちが出す「預り証」

　そこで昔の人は考えました。「金貨や銀貨を、だれか大金持ちに預かってもらおう」。金貨や銀貨を預かった大金持ちは「はい、たしかに預かりました」といって、紙の「預り証」をわたしました。それからというもの、人々は買い物をするとき、**金貨や銀貨のかわりに預り証を出すようになりました**。預り証を受けとった人は、大金持ちのところへいって金貨や銀貨と交換してもらうしくみです。
　もう、わかりましたね。これが、みんながよく知っているお札、紙幣が生まれた瞬間です。預り証を出してくれる大金持ちは、やがて**「銀行」に発展していきました**。

「日本最古のお金」のはなし
もっと知りたい！

日本でさいしょのお金は、いつごろ生まれたと思いますか？じつはまだはっきりしたことはわかっていません。長いあいだ、708年ごろにつくられた「和同開珎」が一番古いお金だとされていましたが、その後、683年ごろにつくられた「富本銭」というお金が見つかっています。

第1章 お金のはじまりを知ろう

ただの紙とお札、ちがいはどこにある?

みんなが「お金だと思っているから」

　でも、不思議だと思いませんか？　千円札だって、よく見ると、絵や数字がかいてあるだけの、ただの紙きれです。なのにどうして、1000円分の価値があるとされているんでしょう。考えてみたこと、あるかな。
　一番大事なことは、**「みんながそれを1000円だと信用している」**ということです。前のページで「お金持ちが金貨と預り証を交換した。その預り証で買い物ができた」と学びましたね。預り証も、ただの紙でしかありません。そのただの紙でどうして買い物ができたのかというと、「預り証があれば、後でお金持ちが金貨と交換してくれる」という信用があったからです。

「信用」があれば何でもお金になる

　つまり、**「どんなものでも、信用があればお金になる」**ということです。さいきん、「仮想通貨」というものが話題になっているのを知っているかな。後でくわしくお話ししますが、仮想通貨は手でさわれるものではありません。そのせいで「あんなのお金じゃない！」という人もいますが、「これはお金だ！」と信じる人もたくさんいます。じっさい、仮想通貨のおかげで大金持ちになった人もいるんですよ。
　逆にいうと、信用がないお金は、紙きれ同然です。たとえば、日本のお金を使えるのは、日本という国の中だけですね。円を知らない国にいったら、「こんなお金じゃない！」といわれます。でもアメリカのドルというお金は、アメリカのほかにも、使える国が多いんです。それは、**世界中のどこにいっても「これはアメリカのお金だ」と信用されているからです。**

もっと知りたい！

「お金の信用」のはなし

日本のお金は日本でしか使えないはず。でもほんの少しだけ、海外でも日本のお金が使えることがあります。たとえば、ハワイや韓国、台湾、シンガポールなどは、お店によっては日本のお金で買い物ができます。日本人がたくさんいて、日本のお金のことをよく知っている人も多い国だからです。

第1章 お金のはじまりを知ろう

お金にはどんな役割がある？あらためて考えてみよう

3つの役割

1. モノと交換する
2. モノの価値をはかる

3. モノの価値を貯める

欲しいものと交換できる

ここまでのお話を読んできたきみは、「お金って何？」と聞かれたら、何と答えるかな。いろいろな答え方があります。「千円札」「もらうとうれしいもの」「使うとなくなるもの」。もちろん、全部正解です。でもここでは、お金には3つの役割があることを知っておきましょう。

1つは **「モノと交換する」** ことです。お買い物をするとき、欲しいものとお金を交換するよね。さっき話したとおり、お金以外のモノ同士を交換しようとしても、なかなかうまくいきません。「ぼくが持っているお肉と、あなたが持っているお魚を交換してください」とお願いしても「いま、お肉はいりません」といわれてしまうかも。**でもお金なら、さまざまな商品と、簡単に交換することができます。**

お金はいつまでもとっておける

2つめの役割は、**「モノの価値をはかる」** ことです。お店においてある商品には必ず値段がついています。お金があるおかげで、だれが見ても、どっちが安いか高いか、ひと目でわかります。そう考えると、お金はモノの価値をはかるための「モノサシ」みたいですね。

3つめの役割は、**「モノの価値を貯める」** ことです。お魚やお肉は放っておくとくさってしまい、だれも欲しがりません。でもお金なら、いつまでもとっておくことができます。1000円は、1年後も1000円のままです。おかげで、困ったときのためにとっておくことができる、貯金ができる、というわけです。

もっと知りたい！

「日本の"金"」のはなし

大昔、ヨーロッパで「アジアには、金や銀がたくさんとれる『黄金の国ジパング』がある」とうわさになりました。じつはこれ、日本のことなんです。昔は日本で金がとれたというのも本当です。マルコ・ポーロという人が『東方見聞録』という本にまとめて、日本のことをヨーロッパに伝えました。

第1章 お金（かね）のはじまりを知（し）ろう

お札（さつ）の顔（かお）はいろいろだけど、どうやって決（き）まるのかな

政治家はお札になれない

　いま、きみが使っているお札のことを、もう少し学んでみましょう。お札に人の顔がかかれていることは、知っているよね。**千円札は、野口英世。五千円札は、樋口一葉。一万円札は、福沢諭吉です。**みんな、国のために役立ついろんなことをした人、歴史に名をのこした人です。

　それ以外にも共通点があります。たとえば、**全員「文化人」であるということ**ですね。文化人とは、学問や芸術の世界で活やくする人たちのこと。福沢諭吉は慶應大学をつくった教育者、野口英世は細菌学者、樋口一葉は作家です。昔は、政治家がえらばれることが多くありました。でも政治家は、どんなに立派に見えても、後になってから「あの人はとんでもない政治家だ」と批判されるかもしれません。そこで、あるとき、そういう危険のある人はお札にかかない、ということが決まったんです。

ヒゲやシワがある人のほうがいい

　男性がえらばれることが多いのも、理由があります。それは**ニセ札をつくられないようにするため。**顔に細かいヒゲやシワがあると、マネするのがむずかしい、ということです。五千円札にかかれている樋口一葉は、女性ですし、ヒゲがなくシワもない、きれいな顔をしていますね。だからお札をつくるときには大変苦労した、というお話があるのですが、さいきんはお札をつくる技術が発達しているので、女性もお札にえらばれるようになっています。

おうちの人と考えてみよう

お札になるのはどんな人？

いまのお札にえらばれている3人は具体的にどんなことをした人なのか、おうちの人といっしょに調べてみよう。

千円札　　五千円札　　一万円札

コラム 1

お札に最も多く登場したのはだれ？

　日本のお札にかかれた肖像として、これまでに一番多く登場したのは、「聖徳太子」という人です。1930年に発行された「乙百円券」にはじめて登場して以来、その回数は合計で7回にもなります。

　聖徳太子は、およそ1500年前の日本で活やくした政治家です。「十七条の憲法」によって国のかたちを定めたことや、中国の文化を取り入れたことで知られています。こうした多くの業績をのこし、日本人に親しまれ、尊敬されていることが聖徳太子がえらばれる理由です。ただし、さいきんの研究では厩戸皇子と呼んだほうがいいという説が有力です。

　ちなみに、聖徳太子の次に多く登場したのは、菅原道真と和気清麻呂です。それぞれ6回ずつ、登場しています。

1930(昭和5)年1月に発行された乙百円券。
資料提供：文鉄・お札とコインの資料館

第2章 お金のかしこい使い方

第2章 お金のかしこい使い方

きみのおこづかいは、使ったらどこへいくのかな

お店で払ったお金の後を追いかけよう

　きみのおこづかいがどこからやってきたのか、考えたことはありますか。お父さんやお母さんからもらった人が多いと思います。それでは、お父さんやお母さんのお財布に入っているお金は、どこからきたのかな。

　ためしに、きみがコンビニで買い物をしたときに払ったお金の後を、追いかけてみることにしましょう。まず、そのお金はコンビニのレジに入りますよね。その後、きみが買った**商品をつくっている会社にも支払われます**。そしてそのお金は、**社員のお給料や、新しい商品の材料を買うために使われます**。

お金は世の中をグルグル回っている

　商品の材料をつくっている会社のところへも、きみのお金は届いています。そのお金の一部が、社員の給料になります。その社員が買い物をすれば、また別のお店や会社へと、きみのお金は移動していくことでしょう。みんなのお父さんやお母さんが働いている会社にも、そうやってお金がやってくるんですよ。そのお金の一部が、きみのおこづかいになる、というわけです。

　それだけではありません。きみが買い物をするとき、**いっしょに消費税という税金も払っています**。国は、こうしてみんなから集められた税金で道路をつくったり、みんなが通う学校を建てたりしています。

　きみが払ったお金が、世の中をグルグル回りながら、たくさんの人たちの生活を支えていることが、わかりますね。

おうちの人と考えてみよう

「お金は天下の回りもの」

「お金は天下の回りもの」ということわざを知っていますか。きみのお金が世の中をグルグル回って、たくさんの人を幸せにしているという意味があります。もう1つ、いま自分のところにお金がなくても、いつかだれかのお金が回ってくるよ、という意味もこめられているんです。

第2章 お金のかしこい使い方

いい買い物と悪い買い物、ちがいはどこにある?

買い物は選挙と同じこと

　きみは「選挙」って知っているかな。政治家をえらぶとき、私たち大人は「この人なら安心してまかせられるな」という政治家に一票を入れて、応援しようとします。逆に「この人はちょっと……」という人には投票しません。これをくり返すことで、政治を少しずつよくしていこう、というしくみが、選挙です。

　買い物も、選挙に似ています。私はこのことを**「経済における投票行動」**といっています。つまり買い物は、**いい商品をつくっている会社に一票を入れて応援するのと同じこと**。自分が「これはいい商品だな」と思うものを買い、「この商品はダメだな」と思ったら買わない。たったこれだけのことで、**いい会社が増え、ダメな会社が減っていきます。**

いい会社を応援するのが「いい買い物」

　どんな買い物を「いい」と思うか、人によって考え方がちがうかもしれません。

　なかでも、「値段のわりに質がいい商品が好き」だという人が多いと思います。昔は「安かろう、悪かろう」といって、安ければ質が悪いのがあたり前でした。でも、いまはちがいます。

　たとえば、500円でおつりがくる値段の牛丼が、とてもおいしいですよね。100円ショップにも、100円というのが信じられない商品ばかり並んでいます。それはなぜかというと、「値段のわりに質がいい商品が好き」という人たちが、「いい」と思った商品を買ってきたからなんです。

おうちの人と考えてみよう

「いい買い物」って何だろう？

値段が高い商品がいけないということではありません。高価なブランド品も、多くの人にえらばれる理由があるから人気を得ているのです。美しいデザインのせいかもしれませんし、長持ちするからかもしれません。どんな値段でも、その理由に自分が納得できるなら、それは「いい買い物」です。

第2章 お金のかしこい使い方

買い物＝その会社を応援することでもあるよ

いい買い物をしよう！

キラリーン

いい商品を見きわめて買うのはもちろん大事！

つくっているのはどんな会社なのかを考えてえらぶのも大事。

こんなこともしてる会社なんだー

へー

リサイクル

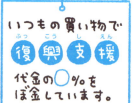

いいねー

いつもの買い物で 復興支援 代金の○％をぼ金しています。

こんなのもあるよ

応援するなら「世の中の役に立つ」会社

　商品を買うということは、**きみのお金を、その商品をつくっている会社のために使うということでもあります。**その会社は、みんなから受けとったお金で社員のお給料を払ったり、新しい商品を考えたり、新しいお店や工場をつくったりします。そのうちに社員も増えて、会社はもっと大きくなっていくかもしれません。

　ですから、**「いい商品」を探す前に、「世の中の役に立つ」会社を探してみる**という買い物の方法もあります。たとえば、リサイクルに熱心であるなど、地球環境を守る活動をしている会社の商品を買うことで、私たちもその活動に協力することができます。東日本大震災で被災した東北を応援している会社や、買い物をすると代金の一部を困っている人たちのために自動的に募金してくれる会社もあります。

いい買い物をして、いい世の中をつくる

　スーパーやコンビニでも、「世のため人のため」を考えている会社や商品を見つけることができます。

　たとえば「フェアトレード」という印がついている商品は、「貧しい国でつくられていること」「現地の人たちが生活していけるだけの代金を払っていること」を意味しています。つまり、フェアトレードの商品を買うことで、貧しい国の人たちの暮らしを助けられる、ということです。あらためて、**いい買い物をすることは、いい会社をつくり、いい世の中をつくること**だと、おぼえておいてください。

もっと知りたい!

「いい会社」のはなし

ときどき「自動車会社が木を植えている」など、その会社の本業とは関係のないように思える活動をしているのを見て、不思議に思うことがあるかもしれません。でも、会社はもうけばかりを追いかけるのではなく、社会のために役立つ活動をする責任がある、という考え方があるのです。

第2章 お金のかしこい使い方

モノの値段はどうやって決まるのかな

「需要と供給」の関係

「需要と供給」の関係で決まる

　商品には必ず値段がついています。同じ商品でも、高くなったり安くなったりするのが、不思議ですね。ここでは「需要と供給」というキーワードを、おぼえておいてください。商品の値段は「需要と供給」の関係で決まります。

　簡単にいうと、**需要とは「買いたい！」と思っている人の数のこと**です。**供給とは「売りたい！」と思っている人の数のこと**です。買いたがっている人がたくさんいるのに供給が少ないと、「高くても買います！」という人が増え、モノの値段が上がります。でも値段が上がると、今度は買いたい人が減りますよね。すると商品を売る人は「値段を下げるから買ってほしい」と考えるので、モノの値段は下がります。その結果、また買いたい人が増えていきます。

買う人も売る人も損をしない値段になる

　長い目で見ていくと、**「買いたい！」という人と「売りたい！」という人の数が同じになる値段**に落ち着いていきます。安すぎる値段も、高すぎる値段も、うまくいきません。

　きみは「安く買えるほうがうれしい！」と思うかもしれないけど、安すぎるとお店のもうけがなくなり、いつかつぶれてしまうかもしれませんよね。お店は、商品を高く売ったほうがもうかります。でも、あまり高すぎると今度は買ってくれるお客さんが減ってしまいます。そんなわけで、最終的には、**買いたい人も売りたい人も損をしないですむ値段になる**んです。

もっと知りたい！

「モノの値段」のはなし

「今年は野菜が高い」「今年はサンマが安い」といったニュースを耳にすることがあります。天気が悪くて野菜が不作だと「買いたい！」と思っている人のわりに供給が少ないので、値段は高くなります。サンマがたくさんとれると、今度は需要のわりに供給が多くなるので、値段は安くなります。

第2章 お金のかしこい使い方

「新しいお金」は、カード1つで買い物ができる

「新しいお金」はここが便利!

後払いができる「クレジットカード」

　きみがよく知っているお金は、お札と硬貨ですね。でも、それ以外のお金も登場しています。

　たとえば、クレジットカードです。支払いをするときにカードをお店の人にわたすと、**1か月ほど後になって、銀行から代金が引き落とされる**というしくみです。**「クレジット」とは「信用」という意味**です。クレジットカード会社は、「この人は後でちゃんと返してくれる」と信用して、お金をたてかえてくれるんですね。ただし、買い物をしすぎてお金が足りなくなったりすると、信用がなくなり、クレジットカードの使用にストップがかかることも。逆に、きちんと支払いを続けていると信用が増し、クレジットカードで買い物できる金額が多くなります。

先にお金を払っておく「プリペイドカード」

　電車やバスに乗るときに使うICカードで買い物ができるお店も増えてきました。これは**「プリペイドカード」といって、あらかじめお金をチャージしたぶんだけ買い物ができる**種類のカードです。クレジットカードが買い物をした「後で払う」ものであるのに対し、プリペイドカードはお金を「先に払う」もの。プリペイドカードなら「たくさん買い物をしてしまい、後で支払いに困る」ということはありません。

　携帯電話やスマートフォンをタッチするだけで支払いができる**「お財布ケータイ」も広まりました**。こうしたお金をまとめて**「電子マネー」**ともいいます。いずれは「買い物するなら電子マネー」が普通になるかもしれません。

もっと知りたい！

「新しいお金」のはなし

決まった地域でしか使えないお金を「地域通貨」といいます。たとえば、長崎県の離島には「しまとく通貨」という地域通貨があります。正式なお金ではありませんが、その地域の商品を買うことだけに使われるので、地域の経済を元気にする効果があります。

第2章 お金のかしこい使い方

「新しいお金」、そんなに便利で大丈夫？

使いすぎに注意しよう！

「つい使いすぎてしまう」のが心配

　クレジットカードも電子マネーも、**「お金の形をしていないお金」**です。そのため、**いくら使ったかわかりにくく、つい「使いすぎてしまう」**ことがあります。

　クレジットカードがあれば、銀行にお金がなくても買い物ができます。カード会社からお金を借りて買い物をし、後になってカード会社にお金を返す、というしくみになっているからです。でもよく考えてみれば、これは借金と同じ。簡単に買い物ができるからといってカードを使いすぎると、**後で返せないぐらいの借金を背負うことになる**かもしれません。クレジットカードは、お金がなくても買い物ができる「魔法のカード」ではないんですね。

お札と同じで「使えばなくなるもの」

　電子マネーも便利です。カードを専用のリーダーにかざすだけで、すぐにお会計が終わります。いちいち財布からお金を出したり、おつりをもらったりする手間もありません。そのため、クレジットカードよりもひんぱんに使用する人が多いようです。いま中国では、カードではなくスマホのアプリを使い、「スマホがないと買い物ができない」といわれているほど、電子マネーが使われています。

　でも、だからこそ**「ついムダ使いをしてしまう」危険があります。**お札や硬貨と同じように、電子マネーも使えばなくなるものです。普段からお金を使いすぎてしまう人はとくに注意しましょう。

もっと知りたい！

「電子マネー」のはなし

いま、コンビニもスーパーもファミレスも自動販売機も、ほとんどの場所で電子マネーが使えるようになっています。日本銀行が調べたところ、1年間に使われる電子マネーの総額は5兆円以上にのぼることがわかりました。お札や硬貨を使わない買い物が、あたり前の時代がやってきそうですね。

第2章 お金のかしこい使い方

仮想通貨「ビットコイン」、本当に信用していいの?

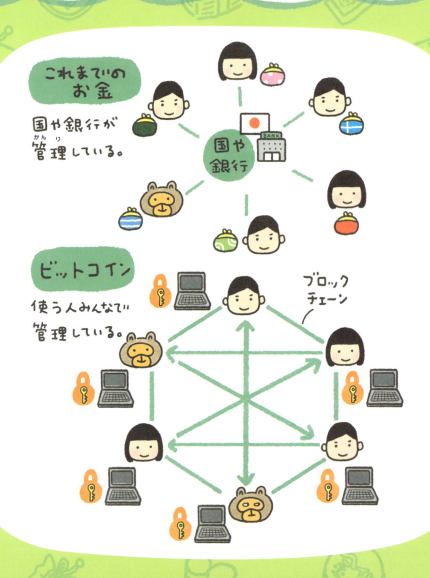

買い物ができて、円やドルとも交換できる

さいきん「仮想通貨」という、**インターネット上で使える新しいお金**が誕生しました。ほかのお金とちがい、仮想通貨にはその価値を保証してくれる国や銀行がありません。日本の「円」というお金が信用されているのは、「これはお金です、本物です」と、国の法律で定められているから。ところが仮想通貨には、そういった信用の裏付けがないんですね。

たとえば、ビットコインという一番有名な仮想通貨があります。ビットコインは、国や銀行が管理しているお金ではありません。それなのに、**「ビットコインはお金だ」という信用がある**ところがポイントです。ほかのお金と同じように、円やドルと交換できますし、ビットコインで買い物もできます。

「ブロックチェーン」が信用を生み出す

ビットコインがお金として信用されている理由は、「ブロックチェーン」という技術にあります。**仮想通貨は、目で見ることも手でさわることもできないデジタルな情報**です。ですから、そのままだと簡単にコピーしたり、ニセモノがつくられたりするおそれがあります。ブロックチェーンは、そういった**"ズル"が、必ずバレるしくみ**です。だから多くの人は安心してビットコインをお金として使っているというわけです。

仮想通貨はまだ生まれたばかりで、問題がないわけではありません。仮想通貨を取引したり、保管したりする場所からぬすまれるという事件も、ときどき起きています。それでも「仮想通貨はお金だ、信用できる」という人は多く、いまでも取引が続いています。

もっと知りたい！

「仮想通貨」のはなし

仮想通貨の数はどんどん増えていき、いまではなんと1500種類以上あるといわれています。でも、ビットコインのように多くの人が信用し、気軽に取引されているものは、そのうちのごく一部です。ビットコインのほかには、イーサリアム、リップル、ライトコインといった仮想通貨があります。

第2章 お金のかしこい使い方

毎月のおこづかいをきみはどう使っているかな

おこづかいは「計画性」を学ぶもの

　きみはもう、おこづかいをもらっているかな。毎月500円か、1000円か、いくらかはおうちによってちがうと思いますが、決まった額をもらうことが多いみたいですね。お父さんやお母さんがおこづかいをくれるのは、「何でも好きなものを買うため」ではないんですよ。きみに「計画性」を身につけてほしいからです。

　たとえば、おこづかいが毎月500円でも、2000円もするオモチャが「ぜったい欲しい！」となったら、どうしますか。おこづかいを毎月使いきっていると、いつまでもオモチャを買うお金が貯まりません。でも、毎月200円ずつでも、おこづかいの一部を貯金したら、10か月で2000円貯まります。そのためなら、お菓子を買いたくても少しだけがまんする。**どうしたら本当に欲しいものが手に入るか、自分の頭で考える。**これが「計画性」です。

大切なのは「貯める」より「上手に使う」こと

　お金を計画的に使う習慣は、**将来大人になってからとっても役に立ちます。**
何も考えずに好きなだけお金を使っていたら、本当に必要なものが買えません。いつもお財布がカラっぽだと、「こうしたら簡単にお金が手に入るよ」というウソにも、すぐダマされてしまうかも。かといってお金を貯めるばかりでも、おもしろくないですよね。**上手に使ってこそ、お金の計画性が身につきます。**それに、みんながお金を使えば、たくさんの人が喜び、世の中全部がよくなっていくということをさっき学んだばかりですね。**おこづかいをどう使い、どう貯めるか。**自分で計画を立てる習慣をいまのうちから、身につけてください。

おうちの人と考えてみよう

「おこづかい帳」をつけてみよう

いま、「どうしても欲しい！」というものはありますか。自分のおこづかいで買うにはどうしたらいいか、考えてみましょう。毎月どのぐらい貯めたら、いつまでに買えるでしょうか。毎月、何にいくら使ったかを知るために、「おこづかい帳」にメモをするのも、いいかもしれませんね。

コラム 2

お札がやぶれてしまったら どうする?

　お札がやぶれたり、燃えたりしてしまったら、お金として使えなくなってしまうのでしょうか？　まずはあせらず、近所の銀行に持っていきましょう。3分の2以上のお札がのこっていれば全額、5分の2以上から3分の2未満がのこっていれば半額と、交換してもらえます。しかし、5分の2未満しかのこっていない場合は、交換してもらえません。

　硬貨の形が変わってしまったり、けずれてしまった場合も、銀行にいきましょう。表面の模様を読みとることができ、また重さの半分がのこっていれば、全額交換してもらえます。ただし、わざと硬貨をキズつけることは法律で禁止されています。たとえば、穴をあけたり燃やしたりすると、「貨幣損傷等取締法」という法律で罰せられてしまいます。お金は大切にあつかいましょう。

第3章 銀行の役割を知ろう

第3章 銀行の役割を知ろう

ただ1つの「日本銀行」は何が特別なんだろう

日本銀行だけがお札を発行できる

　第1章で、「預り証を出していたお金持ちが、やがて銀行になった」「預り証が、お札のはじまりだった」と学びました。その続きのお話をします。

　さいしょのころ、銀行はそれぞれお札を発行していました。お札には「いつでも金貨や銀貨と交換します」と書いてありました。ところがある日、悪い銀行があらわれて、持っている金貨の量は少ないのにたくさんのお札を発行したんです。それを見た人々は「本当にお札と金貨を交換できるのかな？」と心配になり、日本中が大混乱。「お金の信用」という、一番大切なものがなくなってしまったのです。

　これではいけないということで、**「お札を発行できる銀行は1つだけ」**と決めました。それが日本銀行です。

昔はお札と金を交換してもらえた

　日本銀行にいけば、いつでもお札と金貨を交換できる。みんなそう信じていました。でも日本の経済が発展し、モノをたくさん売ったり買ったりするようになると、今度はお札が足りなくなってきました。それまでの日本銀行は、持っている金と同じぶんしかお札を発行できなかったからです。これを**「金本位制」**といいます。

　そこで1931年に、日本銀行は「お札と金を交換します」という約束をやめて、好きなだけお札を発行できるようにしました。いまでは、日本銀行にお札を持っていっても金とは交換してもらえません。でも、**「日本銀行が発行しているお札がお金だ」**という信頼があるので、お金として使えます。

「ニホン銀行」？「ニッポン銀行」？

「日本」をニホンと読むこともあればニッポンと読むこともあります。では、「日本銀行」はどう読むのでしょうか？　じっさいにはニッポンギンコウと読むことになっています。お札の裏を見るとローマ字で「NIPPON GINKO」と書いてありますよ。おうちの人とたしかめてみてくださいね。

第3章 銀行の役割を知ろう
ニセ札を見分けるにはどうしたらいいかな

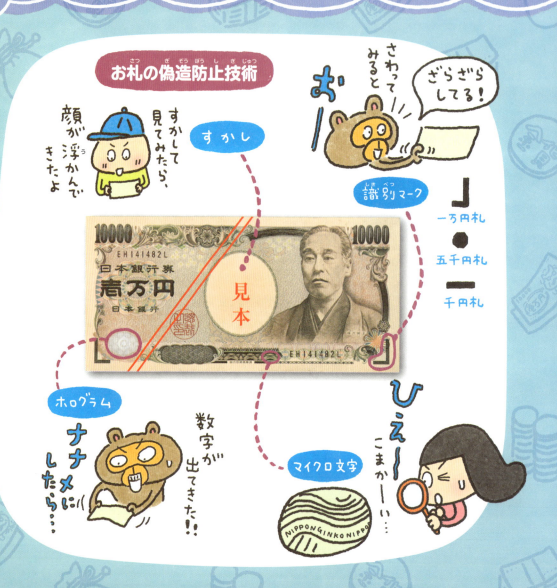

ニセ札を防ぐための工夫がある

　ただの紙きれとお札のちがいは、「これはお金だ」という信用があるかどうかです。ですから、ニセモノのお札があると、その信用がこわれてしまいます。昔は「ニセ札をたくさんつくって、お金持ちになろう」と考える悪い人がいました。でもいま、私たちが使っているお札は、ニセ札がつくれないように、いろんな工夫がされています。

　たとえば、**お札にかかれている人の顔にシワやヒゲが多い**のも、そのほうがニセ札をつくりにくいからです。それから、お札の真ん中にある、何もかかれていない白い部分に光をあてると、人の顔が浮かび上がってきます。これを**「すかし」**といいます。**お札づくりにしか使ってはいけない特別な技術が使われています。**

本物のお札をコピーすると真っ黒になる

　ほかにも、お札をナナメに傾けたときだけ見える文字や色があります。これも特別なインクを使っているおかげです。また、とても小さくかかれた「NIPPONGINKO」という文字は、コピー機ではうまく印刷できないようになっています。こうした**小さな文字を「マイクロ文字」**といいます。

　ではクイズです。もし、お札をコピー機でコピーをしたら、どうなるでしょうか？正解は「真っ黒になる」。これもニセ札を防ぐための技術です。でも、**お札をコピーするのは法律で禁止されている**から、やってはいけないよ。ニセ札をつくるということは、「お金の信用」をこわすこと。だから、とっても重い犯罪なんです。

おうちの人と考えてみよう

こんなところにも「ニセ札対策」

お札を細かく観察すると、さっき紹介したもの以外にも、ニセ札防止のための工夫を発見できます。たとえば、人の顔の「すかし」と同じように、棒のようなものがどこかにすけて見えるはず。一万円札は3本、五千円札は2本、千円札なら1本のたて棒です。見つかるかな？

43

第3章 銀行の役割を知ろう
銀行は「お金を預けるところ」。もう1つの大切な仕事は?

銀行は「お金を貸すところ」でもある

　日本銀行は、お金を刷るところ。では、きみが住んでいる町にある、そのほかの銀行には、どんな役割があるのでしょうか。「お金を預かっている」ということは、知っている人も多いと思います。でも、それだけではありません。

　もっと大事な役割は、そのとき**お金を必要としている人**に**「お金を貸す」**ことです。新しい家を建てたい人や車を買いたい人はたくさんのお金が必要で、貯金だけでは足りません。銀行はそういう人にお金を貸しているんです。

　そして貸したお金を返してもらうときに、**「利子」**といって少し多めにお金をもらいます。その利子が、銀行のもうけになります。利子の一部は、銀行にお金を預けてくれた人に**「利息」**として支払います。こうして銀行は**「お金を貸したい、増やしたい」と思っている人と、「お金を借りたい」と思っている人の、橋渡しをしている**んですね。

銀行のお金は「みんなのお金」

　ただし、銀行は「ちゃんとお金を返せる人」にしか貸しません。貸すときには必ず「お金を返せなかったらどうするんですか」と聞きます。そのとき、**「お金のかわりにこれをあげます」という約束をすることを「担保」**といいます。

　たとえば、家を建てるために借金をしたけれど返せなくなってしまったら銀行はどうするかというと、その家を取り上げてほかの人に売り、貸していたぶんのお金を取りもどします。ひどいことをしているようですが、銀行が貸すお金はもともと、きみたちみんなが預けているお金です。ちゃんと返してもらわないと困りますよね。

もっと知りたい！

「金融機関」のはなし

「お金を貸す」ことを、「お金を融通する」ともいいます。そのため銀行は「金融機関」とも呼ばれます。お金があまっているところから預かり、必要としている人にお金を貸す仕事をしている会社は、みんな金融機関。信用金庫、保険会社、証券会社なども、銀行と同じ、金融機関の仲間です。

第3章 銀行の役割を知ろう

銀行に預けたお金が増えるのはどうして？

お金を借りたらお礼に「利子」を払う

　銀行からお金を借りると、そのお礼として少し多めのお金を返す必要があります。その多いぶんが「利子」です。この利子が銀行のもうけのもとになるわけです。

　このとき「いくらお金を貸すといくらの利子を受けとれるのか」という割合を決めた数字を「金利」といいます。金利が高いほど、お金を借りた人はたくさんのお金を返さないといけません。逆に銀行から見れば、金利が高いほどもうけが大きくなります。また、銀行にお金を預けた人も、多くの「利息」をもらえます。

ゼロ金利でお金を借りやすくなった

　たとえば、金利が1％のときに100万円を借りるとします。すると、1年後にはもともと借りた100万円に1万円の利子をつけて、合計101万円を返す必要があります。そう考えると大変ですが、たくさんのお金を借りた会社は、そのお金で、工場をつくったり、人をやとったりできます。そしてお金を返すために一生懸命に働く。そのくり返しで経済は発展してきました。

　いまは金利が低いといわれています。「ゼロ金利」や「マイナス金利」といった言葉を聞いたことはあるかな？　昔はいまよりずっと利子が高く、お金を借りた人は利子を払うために大変な思いをしていました。でも、日本の景気をよくするために金利を下げて「どんどんお金を借りてください」というようになったんです。これはお金を借りたい側にとってはうれしいことですね。しかし銀行は、受けとる利子が少なくなるので、もうからなくて困っています。

おうちの人と考えてみよう

このお金、1年でいくらに増える？

学校でもう「割合」のことを習ったかな。いま銀行に預金すると、1年でわずか0.001％の割合で利息がつくことが多いのです。「ゼロ金利」のお話をしましたが、私たちの預金の金利も下がっているんですね。自分のおこづかいを1年、銀行に預けたら、いくらに増えてもどってくるでしょうか？

第3章 銀行の役割を知ろう

すぐにお金を貸してくれるところもある。だけど……

「複利」でお金を借りると、借金はどんどんふくらんで増えていく……

消費者金融の金利はとっても高い

銀行みたいに「担保がないと貸しません」なんてイジワルなことをいわず、頼めばすぐにお金を貸してくれるところがあります。テレビでもよくコマーシャルをしている、「消費者金融」です。ただし気をつけないといけないのは、**すぐにお金を借りられるところは「とっても金利が高い！」**ということです。

消費者金融の金利は、だいたい15％〜18％です。もし金利が15％だとすると、100万円借りたら1年後には利子が15万円つきます。つまり、100万円借りたら115万円にして返さなければならない、ということです。もともとお金がなくて困ったから借りたのに、そんな大金、本当に返せるのかな。

借金がどんどん増えていくかも

もう1つ注意しないといけないのは、金利が高いと、借金がどんどんふくらんでいくおそれがあるということです。1年後、115万円が返せなかったとします。その1年後は115万円に15％の利子がついて、合計は132万2500円に。次の年には152万875円に。さらに、次の年には174万9006円にまで増えます。はじめの年は15万円多く払うだけでよかったんです。でも、時間がたつほど利子が大きくなり、お金を返すのがむずかしくなっていくのが、わかりますよね。

こうして**どんどん利子が増えていくこわいしくみを「複利」**といいます。**簡単に借りられるお金ほど返すのはむずかしい**ということを、よくおぼえておきましょう。

おうちの人と考えてみよう

「高い金利」には理由がある!

消費者金融の金利が高いのは、「お金を返さないでにげてしまう人」がいるからです。その人たちがにげてももうけが出るように、はじめから金利を高くしているんです。ですから、消費者金融でお金を借りる人は、にげてしまう人のぶんまで利子を払っている、ということになりますね。

第3章 銀行の役割を知ろう

生命保険会社はなぜつぶれないのかな

「もしも」のときに備える保険

保険会社も、銀行と同じ金融機関の仲間です。たとえば、生命保険会社では「生命保険」という商品をあつかっています。お父さんやお母さんが保険料を少しずつおさめていると、病気になってしまったり、万が一亡くなってしまったりしても、**保険金というお金を受けとれます。**

損がい保険会社は、たとえば自動車に乗って事故を起こしてケガをしたりしたときのための「自動車保険」や、火事を起こしたときのための「火災保険」をあつかっています。保険のおかげで、私たちは安心して暮らすことができます。

保険会社も預かったお金を増やしている

みんなに保険金を払ったら保険会社のお金がなくなるんじゃないかな。保険会社はつぶれないのかな。そう心配する人もいるかもしれません。

でも大丈夫です。たくさんの人が保険に入っていると、そのうち病気になったり亡くなったりする人は少しだけ。みんなから集めておいた保険料の一部を使えば、十分に保険金を払うことができます。**保険というのは、もしものときに「みんなで助け合う」ためのしくみ**なんですね。

それに、保険会社がみんなから保険料を預かって、保険金の支払いをするまで何年も時間があります。そのあいだ、保険会社は、お金を増やすためにいろんな努力をします。たとえば、生命保険会社は日本のあちこちにビルを持っています。ビルをほかの会社に貸せば、家賃をもらうことができるからです。そうやって保険会社は、みんなから預かったお金を増やし、保険金の支払いに備えているんです。

もっと知りたい!

「生命保険」のはなし

むずかしい言葉ですが、保険は「大数の法則」で成り立っています。これは、とてもたくさんの人が集まると、そのうち何人が病気になったり亡くなったりするか、だいたいわかるという理論です。それがわかれば、みんなから集める保険料の金額や、保険会社のもうけも、予想がつきます。

51

コラム3

お札はどのように印刷されている?

　下の写真は、何だかわかるかな。じつは、本物の1ドル札です。でも、きみが知っているお札とちがって32枚つづりになっていますね。お札を印刷するときはまず、大きな印刷機でいっぺんに刷ることになっています。それを裁断機にかけて、1枚ずつに切っていく、というわけです。

　この写真は、裁断機にかける前の1ドル札です。私はこれをアメリカのワシントンにある印刷局というところで買いました。印刷局には、見学用のコースが用意されていて、そこのお土産屋さんできみも同じものが買えるんですよ。1ドル札が32枚つながっているから32ドルで買える、かと思いきや、60ドル以上するのでご注意を。

裁断前のアメリカ1ドル札。

第4章
お金のかせぎ方・増やし方

第4章 お金のかせぎ方・増やし方

お金をかせぎたい！一番大切なことは何だろう

人が喜ぶことをすると自分ももうかる

　お金をかせぐには、いろいろな方法があります。会社員になることも、会社をつくることも、後でお話ししますが株を買うことだって、お金をかせぐ手段です。でもさいしょにおぼえておいてほしいのは、**「人が喜ぶことをすると、自分ももうかる」**ということです。

　たとえばパン屋さん。おいしいパンをつくれば、それだけたくさんのお客さんが買ってくれて、お店は繁盛します。朝からパンを買いにくる人のために、早起きしてパンをつくるのは大変かもしれません。でも、そうやって**「人が喜ぶもの」をつくるために一生懸命になるほど、世の中もよくなっていくし、自分だってもうかります。**

　会社をつくるときも、やっぱり「人が喜ぶこと」をすることが大切です。すると会社は大きくなり、またもうかる。その会社で働く人も増えて、みんなが喜ぶというわけです。

悪いことをしてもうかるのは一瞬だけ

　逆にいうと、誰かをダマしてもうけようとしても、そうはいきません。昔、エイブラハム・リンカーンというアメリカの大統領が、こんなことをいいました。

　「少しの人なら、ずっとダマし続けられる。たくさんの人も、少しのあいだならダマすことができる。でもたくさんの人を、ずっとダマし続けることはできない」。

　私も、そのとおりだと思います。テレビで「大金をダマしとった」といって逮捕される人のニュースが流れることがあるでしょう。悪いことをしてもうかるのはほんの一瞬だけ。**長くかせぎ続けているのは、みんなが喜ぶことを続けている人や会社**だということを、忘れないでくださいね。

もっと知りたい！

「世の中のしくみ」のはなし

世の中は分業といって、自分は得意なものや好きなものをつくる、ほかのものは人につくってもらうというしくみで動いています。お金を通じて、お互いにつくったものを交換するわけです。ですから、だれも欲しがらないものをつくっても交換してもらえず、お金もかせぐことができません。

55

第4章 お金のかせぎ方・増やし方

世の中に「株式会社」が多いのはどうして？

危険は小さく、もうけは大きいしくみだから

「株式会社」という名前がついた会社がたくさんあることを知っていますか。きみたちのお父さんやお母さんが働いている会社も「○○株式会社」が多いんじゃないかな。**株式会社とは「みんなから少しずつお金を集めてつくった」会社のこと**をいいます。会社の仕事がうまくいってお金がもうかったら、さいしょにお金を出してくれた人みんなで、もうけを分け合います。

この株式会社のしくみがとてもいいのは、みんなが少しずつお金を出し合っているので、もし会社の経営がうまくいかず倒産することになっても、**損をするのはさいしょにみんながそれぞれ出した少しのお金だけですむ**ということです。自分1人だけで会社をつくり、1人だけで経営をしていたら、会社が倒産したとき、自分だけが大変な損をしてしまうでしょう。

株式会社があるから社会が発展してきた

もう1つ、大切なことがあります。

1人ひとりが出すお金は少なくても、**たくさんの人がお金を出し合えば、それだけ多くのお金が集まる**ということです。貯金がない人も、みんなからお金を集められれば会社をはじめられますし、とてもお金のかかる大きな仕事にも、どんどんチャレンジできるようになります。その会社が失敗したって、損が小さくてすむのなら、また新しい会社をつくることができるかもしれません。こうして株式会社のおかげで、世の中は大きく発展してきました。

もっと知りたい！

「世界初の株式会社」のはなし

世界初の株式会社は、ヨーロッパからアジアに香辛料を買いにいくためにつくられた「東インド会社」です。当時は船に乗って長い旅をする必要がありました。しかし船が途中で沈んでしまったら大変な損になります。そこで、みんながお金を出し合って会社をつくる方法が考え出されたのです。

第4章 お金のかせぎ方・増やし方

株式会社の「株式」ってどんな意味があるのかな

お金を出すと「株」がもらえる

株式会社をつくるためにお金を出した人のことを「株主」といいます。株主には「株」という書類が発行されます。

株主がいなければ株式会社はつくれないのですから、「株主が一番えらい」といってもいいでしょう。会社にとって大事なことは、株主に相談しながら決めなければいけません。そのため、1年に1回「株主総会」が開かれて、株主が集まることになっています。株主総会では、会社の経営をまかせる取締役をえらんだり、クビにしたりすることもできます。会社の社長も、取締役の中からえらばれます。

株は買ったり売ったりできるもの

会社がもうかると、株主はもうけの一部を分けてもらえます。**そのお金を「配当」**といいます。仕事がうまくいき、**もうかっている会社の株は配当も多くなります**。すると、たくさんの人が株を欲しがり、「私にその株を売ってください」という人もあらわれます。そこで自分が買った株を、また別の人に高く売ってもうけようとする人も出てきます。こうして**株を売ったり買ったりする場所**ができました。それを**「株式市場」**といいます。

野菜や魚など、ほかの商品と同じように、**株の値段（株価）も毎日変わります**。もうかっている会社の株ほど欲しがる人が多いので、「需要と供給」の関係によって、株価は高くなります。逆に、もうかっていない会社の株を欲しがる人は少なく、「だれかに売ってしまいたい」と考える人が多くなるため、株価は下がります。

もっと知りたい！

「証券会社」のはなし

じっさいに、株を売ったり買ったりするときは「証券会社」を通じておこないます。証券会社は、株式市場と株主のあいだを取りもち、手数料をもらうという仕事をしています。また証券会社も、自分たちで株を売買して、お金を増やしているのです。

第4章 お金のかせぎ方・増やし方

貯蓄と投資のちがいは「リスク」にある!

投資は大きくもうかるかもしれないけど……

　株を買うということは、**株を発行している会社のためにお金を出す**ということです。これを**「投資」**といいます。株に投資をすると、お金もうけのチャンスが2つあります。1つは、会社がもうかったときに受けとれる配当金です。もう1つは、買った値段よりも値上がりした株を、株式市場で売ったときに受けとれるお金です。

　こうして大きくもうかるチャンスがあるかわりに、株が値下がりするおそれや、配当金が出ないこともあるのも、投資の特徴です。その会社が倒産すれば、株は紙きれ同然となって、投資したお金はもどってきません。このように、**お金を損したり、ゼロになったりする危険のことを「リスク」**といいます。

貯蓄は安心、だけどお金はあまり増えない

　銀行にお金を預けることでお金を増やす方法もあります。これを**「貯蓄」**といいます。貯蓄したお金は、銀行の責任でほかの会社に貸し出されていますが、もし、その会社がつぶれたとしても、貯蓄した人のお金が減ることはありません。ですから、貯蓄にはほとんどリスクがない、ということになります。そのかわり、お金が増えるチャンスは、わずかに受けとれる利息だけです。

　自分が持っているお金を増やしたいとき、この「リスク」の考え方がとても大切になります。**貯蓄はリスクが小さく、受けとれるお金も少ない。投資はリスクが大きく、成功すれば受けとれるお金も多くなる**。リスクのちがいが、貯蓄と投資のちがいです。

もっと知りたい！ 「リスク」のはなし

リスクが少なく受けとれるお金も少ないことを「ローリスク・ローリターン」、リスクが大きく受けとれるお金も多いことを「ハイリスク・ハイリターン」といいます。「株式会社」は、損をする危険を小さく、もうけは大きくするしくみですから「ローリスク・ハイリターン」といえるでしょう。

第4章 お金のかせぎ方・増やし方

株式投資でもうけるコツをおさえておこう

「投資信託」のしくみ

投資家から集めたお金

まとめて運用

プロ
キラリーン

ファンドマネジャー

日本の株

外国の株

日本の国債

外国の国債

など

投資家

さまざまな投資対象

利益を投資家に

えー…
ただし、かならずもうかるとはかぎりません。
キラリーン

いい会社の株を安く買い、高く売る

株を買ったり売ったりしてお金をもうけることを、「株式投資」といいます。株でもうけるためのコツは、何といっても、**これから成長しそうな会社を見つけること**です。

会社がもうかればそれだけ配当金が増えます。すると、たくさんの人がその会社の株を欲しがるため、株価も上がっていきます。できれば、株の値段が高くなってから買うより、安いうちに買っておくのがベストです。**「安く買って高く売る」**ことができれば、もうけも大きくなるからです。逆に、高い値段で株を買ってしまうと、その後、値下がりして損をしてしまうかもしれません。そんなわけで、株式投資をする人は、自分で調べて、ほかのみんなよりも先にいい会社を見つけようとがんばります。

専門家の力を借りる方法

でも、どの株をいつ買ったらいいかというのは、判断がむずかしいものです。そこで**株にくわしいプロに、株の売買をまかせる方法があります。**それを「投資信託」といいます。投資信託は、たくさんの投資家からお金を集めて、それをファンドマネジャーというプロが株などに投資をし、そこでもうかったお金を投資家に配る、というしくみになっています。これなら「株価が上がった、下がった」と毎日ドキドキせず、安心していられますよね。

ただし、気をつけなければならないのは、プロにまかせたからといって必ずもうかるとはかぎらない、ということです。**「投資は自己責任」**という言葉があります。じっさいに株を買うのはファンドマネジャーですが、投資信託そのものをえらぶのは自分自身です。そこには自分の責任もあることを、忘れてはいけません。

おうちの人と考えてみよう

「子どもでもできる投資」がある

たった100円からでも株式投資がはじめられるということを知っていますか。小学生のおこづかいでも買える額の株も、少なくないのです。本格的に投資をするのは大人になってからかもしれませんが、株のことをもっと知りたいなら、いますぐ1株買ってみるというのもいいと思いますよ。

第4章 お金のかせぎ方・増やし方

お金を「守る」と「増やす」、どっちが大事？

リスク集中

もしも全部のたまごを1つのカゴで持っていると

何かあったとき、全部割れてしまうかもしれない。

リスク分散

カゴを分けておけば

1つに何かあったとしても、もう1つはだいじょうぶ。

64

「たまごを1つのカゴに盛るな」

　投資の世界には「たまごを1つのカゴに盛るな」という格言があります。カゴを落としたら、中のたまごが全部割れてしまいます。でも、いくつものカゴに分けておけば、1つのカゴを落としても、ほかのカゴのたまごは無事です。

　ここでいうたまごとは、きみの大切なお金のことです。「この株はきっともうかる！」と思っても、全財産を1つの株につぎこむのはとても危険です。予想どおりいけば大きくお金を増やすことができますが、予想が外れたときの損も大きくなるからです。しかし、いろいろな種類の**株を組み合わせたり、銀行で貯蓄もしたりと、お金をいくつかのカゴに分けることで、リスクを下げることができます。**この考え方を**「リスク分散」**といいます。

投資と貯蓄をうまく組み合わせよう

　逆に、「株は損をするのがこわい！」といって貯蓄にばかり熱心になるのも、おすすめできません。たしかに貯蓄はお金を「守る」にはぴったりです。でも、貯蓄だけではなかなかお金は増えず、それどころかお金の価値が下がることも。それは、インフレといって、モノの値段がどんどん上がっている場合です。モノの値段は上がっても銀行に預けたお金はすぐに増えてはくれません。

　そこで、「お金を3等分にするといいですよ」という人もいます。**お金を守るための貯蓄と、お金を増やすための株、**それと本書では説明しませんが、株よりゆっくりのペースでお金を増やしてくれる**不動産の3つにお金を分けよう、**ということです。

もっと知りたい！

「リスク分散」のはなし

前のページで紹介した投資信託も、簡単なリスク分散の方法です。というのも、1つの投資信託には、さまざまな種類の資産が組みこまれているからです。たとえば、1万円ぶんの投資信託を買っただけでも、何十、何百という株式にリスク分散したのと、同じ効果を得ることができます。

コラム 4

世界にはユニークな税金がある!

　世界各地には、かわった税金がたくさんあります。

　たとえば、ハンガリーという国には「ポテトチップス税」があります。スナック菓子や清涼飲料水など、塩分や糖分の多い食品にかけられる税金で、国民の肥満防止に効果があると期待されています。同じように、アメリカの一部の州では「ジャンクフード税」が、デンマークではバターなどの乳製品に「脂肪税」がかかります。また、イギリスのロンドン市は、道路の渋滞を解消するために「渋滞税」を導入しました。決められた区間を走る車はお金を払う必要があります。

　いまでは廃止されている税金の中にも、ユニークなものがたくさんあります。17世紀のロシアでは「ひげ」を生やすことに税金がかかりました。ここ日本にも、昔は「犬税」がありました。明治時代にはじまり、昭和57年まで一部の地域で課されていたんですよ。

第5章 ニュースに強くなろう

第5章 ニュースに強くなろう

「円が安い」「円が高い」って、どういうこと?

1ドル=100円 が

1ドル=110円になると / 1ドル=90円になると

円安 / 円高

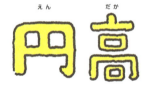 

円の価値が下がった / 円の価値が上がった

円をドルに交換するときに重要

「外国為替市場は円安が予想されます」「昨日より円高が進みました」といったニュースを聞いたことはあるかな。**「為替」とは、日本のお金と外国のお金を交換するときに使う言葉**です。

たとえばアメリカではドルというお金が使われているので、私たちがアメリカで買い物をするときは円をドルに交換する必要があります。このとき、**「いくらの円をいくらのドルで交換します」**と決めるところを**「外国為替市場」**といいます。

ここにも「需要と供給」の関係が出てきます。「円をドルにかえたい人」が増えるとドルの価値が高くなり、たくさんの円を持っていないとドルと交換できません。この状態を**「円安」**といいます。逆に「ドルを円にかえたい人」が増えると円の価値が高くなります。これを**「円高」**といいます。

円の価値は毎日変わっている

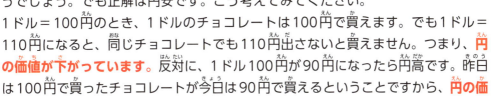

さて問題です。昨日は1ドル＝100円だったのが今日は1ドル＝110円になりました。これは円高ですか、円安ですか？

数字が大きくなったのですから、円が高くなったように思うでしょう。でも正解は円安です。こう考えてみてください。1ドル＝100円のとき、1ドルのチョコレートは100円で買えます。でも1ドル＝110円になると、同じチョコレートでも110円出さないと買えません。つまり、**円の価値が下がっています**。反対に、1ドル100円が90円になったら円高です。昨日は100円で買ったチョコレートが今日は90円で買えるということですから、**円の価値が上がっています**。

おうちの人と考えてみよう

「円高と円安」どっちがうれしいの？

正解からいうと「どっちがいい、悪い」ということはありません。外国から買い物をする人には「円高のほうが安く買える」といって、喜ばれます。海外旅行も、円高のときのほうが、安くいけますよね。でも、外国にモノを売る仕事をしている人は、円安のほうがもうかるんです。

第5章 ニュースに強くなろう

私たちはなぜ税金を払っているのかな

国が仕事をするためのお金が税金

「また税金が高くなる！」というニュースも、さいきんよく耳にしますね。「せっかくかせいだお金を税金にとられてしまうなんて、イヤだなあ」とお父さんやお母さんが悲しんでいるのを聞いた人も、いるかもしれません。それでも、みんながちゃんと税金をおさめているのは、そのくらい税金が大切なものだからなんです。

私たちが安心して暮らしていくには、さまざまなものが必要です。でも、橋や道路は1人のお金ではつくれませんし、警察も消防署も、学校もムリですよね。そこで**みんなでお金を出し合って専門家をやとい、国のために必要な仕事をまかせる**ことにしました。

そのために必要なお金が税金です。だから、**税金を払うことは私たち国民の義務になっています**。だって、火事が起きても消防車がやってこない、ドロボウがいても警察官がつかまえてくれない、子どもたちが学校にも通えない、そんな世の中は困るでしょう。

国家公務員のお給料にも使われている

私たちから集めた税金を使って、国の仕事をしている人たちを**「国家公務員」「地方公務員」**といいます。また、私たちの税金が正しく使われているかチェックする人たちもいます。それが国会議員や都道府県の議会議員、市町村の議会議員といった、選挙でえらばれた人たちです。そのほか区役所、市役所で働いている人たちや警察官、消防士、それから内閣総理大臣だって、公務員です。こうした**公務員の人たちのお給料も、全部私たちの税金から払っている**んですよ。

もっと知りたい！

「税金の使い道」のはなし

集められた税金は、さまざまな公共サービスとして国民のために使われます。国民1人あたりに使われている税金を計算してみると、警察や消防のために月約3500円を、医療費には月約1万400円を、市町村のゴミの処理のために月約1500円を、税金から負担しています。

第5章 ニュースに強くなろう

子どもたちもみんな払っている税金があるよ

税金の種類

		直接税	間接税
国税		所得税、法人税、相続税、贈与税など	消費税、酒税、たばこ税、関税など
地方税	道府県税	道府県民税、事業税、自動車税など	地方消費税、道府県たばこ税など
	市町村税	市町村民税、固定資産税、軽自動車税など	市町村たばこ税、入湯税など

きみたちも払っている消費税は「間接税」！

税金にはいろいろな種類がある

　税金にはさまざまな種類がありますが、「だれが税金を集めるか」「だれが税金をおさめるか」という分け方ができます。

　たとえば、国の役所が集める税金は「国税」。地方の役所が集める税金を「地方税」といいます。つまり、「だれが税金を集めるか」によって2種類に分かれているんです。**会社で働いている人のお給料にかかるのが「所得税」**です。**会社がもうけたお金にかかるのは「法人税」。お買い物をすると子どもも必ず払うのが「消費税」**です。

　このうち、所得税と法人税は**「直接税」**といわれます。税金を払う人が直接、役所におさめるからです。消費税は**「間接税」**といいます。みんながコンビニでお菓子を買うときいっしょに消費税も払っていますが、コンビニがいったん税金を預かり、みんなにかわって国に税金をおさめるしくみになっています。

消費税なら「取りっぱぐれる」心配がない

　2019年に、消費税が8％から10％に上がることが決まっています。子どもだっておさめる消費税を、なぜまた上げるの？と思いませんか。

　でも理由があるんです。所得税を上げると「がんばってかせいでも税金にとられちゃうのか……」と、働く人たちのやる気がなくなってしまうかも。会社が払う法人税を高くすると、今度は「法人税の安い国へいくよ」といって日本からにげていく会社も出てきます。これではかえって税金が減ってしまうよね。でも、**消費税は買い物する人全員が必ずおさめます**。つまり消費税なら取りっぱぐれる心配がない。そんなわけで、消費税がどんどん上がっているんです。

おうちの人と考えてみよう

「消費税25％」でも文句が出ない国

デンマークの消費税はなんと25％。それでも「高い！」とはだれもいわないそうです。デンマークでは、教育費は幼稚園から大学まで無料。病院だって無料です。日本も「高い税金を払ったぶん、国民の生活がラクになっている」ことを実感できたら、みんな喜んで税金を払うかもね。

第5章 ニュースに強くなろう

日本の借金は1000兆円。本当に大丈夫かな

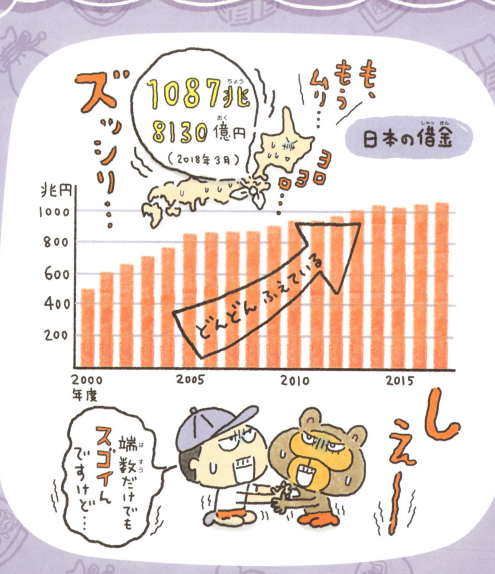

毎年50兆円もの大赤字!

　いま日本では、**1年間で集まる税金が約50兆円あります**。これだけあれば何でもできるだろうと思うよね。ところが、**国が使うお金は1年間で約97兆円**。つまり47兆円も足りない、ということです。税金を倍にしたら足りるかもしれないけど、みんな大反対するに決まっているよね。そこで日本は、足りないぶんを借金してまかなっています。でも、いったいだれから借金しているんだろう？

　じつは、きみたちから借金しているんです。**日本は「国債」というものを発行して、その多くを銀行や郵便局に買ってもらっています**。銀行のお金はそもそもみんなが預けたお金でしたね。つまりきみたちは銀行を通じて、国にお金を貸しているということになるわけです。

国はみんなから借金している!

　日本は毎年のようにお金を借りて、いまでは全部で1000兆円までふくらんでいます。こんなにたくさんの借金をしている国は世界で日本だけ。だから「日本はこのままでは借金を返せなくなり、つぶれてしまいますよ」と心配している人もいます。

　いまのところは、日本はまだまだ豊かです。国は借金だらけでも、**国民みんなが持っているお金を集めたら1800兆円もあります**。いざとなったらそのお金を国が取り上げれば、借金を返せるだろうと考えられているんです。でも、そんなのはイヤですよね。

　私たち大人は一生懸命働いて、税金をおさめます。きみは学校でちゃんと勉強して、これから国はどうしたらいいか、考える力を身につけてくださいね。

もっと知りたい！

「国の借金」のはなし

日本以外の国は、税金を上手にやりくりして借金をしないですむようにしています。日本よりずっと税金が高い国もあります。たとえば、ドイツの消費税は19％。税金をたくさん集めたうえで「国は税金以上の仕事はしない」というやり方をとったことで、ドイツは見事、無借金になりました。

第5章 ニュースに強くなろう

お金がないなら、もっとお札を印刷したらいい？

日本銀行が国債を買いとっている

　お金が足りなくて1000兆円も借金している日本。「じゃあ、日本銀行に命令して、もっとお金を印刷したらいいのに」と、思うかもしれません。ところが、そう簡単にはいかないんですね。

　ふつう、**日本銀行がお札を発行するときは「同じ価値のあるものと引きかえにする」**というやり方をします。たとえば、**「銀行が持っている国債を、日本銀行が買いとる」**ときに、お金を発行します。そのお金が、銀行を通じて、世の中に出回っていくわけです。

お札が世の中にあふれると経済が大混乱

　前のページでお話ししたように、**国債を発行するのは日本政府**です。「それなら、国がたくさん国債を発行して、全部、日本銀行に買いとってもらったら？」。じつは、それも禁止されているんです。

　大量のお札を手に入れた政府がそれを使って、大量のお札が世の中にあふれたとしましょう。でも、お金で買える商品の数はすぐには増えませんよね。すると、お金と商品の「需要と供給」の関係が変わり、お金の価値が下がります。つまり、商品の値段が上がっていくんです。後でくわしく説明しますが、こうして**商品の値段がどんどん上がっていくことを「インフレ」**といいます。

　インフレは経済を大混乱させるもとです。昔、ドイツでインフレが起きたときは、喫茶店でコーヒーを注文してから、飲み終わってお会計するまでのあいだにコーヒー代が値上がりしていたそうですよ。

おうちの人と考えてみよう

「日本にあるお札」は全部でいくら？

日本銀行によると、家庭や会社、銀行など、世の中に出回っているお札は合計で106.7兆円でした＊。お札をつみ重ねると、富士山の約438倍の高さ（約1653km）、また横に並べると地球の約64周ぶん、月までの距離の約7倍の長さ（約257万km）になるそうです。

＊2017年12月31日の時点

第5章 ニュースに強くなろう

どうして景気はよくなったり、悪くなったりするの？

景気は上下をくり返している

　景気がいい、景気が悪いという言葉も、よく聞きますね。商品がたくさん売れてもうかった、給料が増えたからたくさん買い物をしよう、そういう人や会社が増えて経済が元気になっている状態を「景気がいい」といいます。反対に、商品が売れない、会社がもうからない、給料も減った、仕事がなくなった、お金を使わず節約しよう、こんなふうに経済の元気がなくなっていく状態を「景気が悪い」といいます。

　おもしろいのは、景気はよくなったり悪くなったり、波のように上下をくり返すことです。景気がよくて商品が売れるからといって商品をつくり続けると、いつかは売れなくなります。「需要と供給」のうち供給のほうが上回るからです。すると景気は悪くなります。そこで、つくる商品を減らすと、「需要と供給」のバランスがよくなり、また商品が売れはじめます。景気がよくなる、ということです。

景気をよくするための対策は2つ

　だれだって、景気がいいほうがうれしいですよね。だから景気が悪くなるたびに国はいろいろな「景気対策」で景気をよくしようと工夫します。1つは「財政政策」です。新しく道路や橋をつくったり、公共事業のためにお金を使うことで仕事を増やし、売れる商品を増やします。

　もう1つは「金融政策」です。これは金利を下げることをいいます。日本全体の金利をコントロールしているのは、日本銀行です。日本銀行が金利を下げると、会社がお金を借りやすくなります。お金を借りて、新しい工場を建て、新しい機械を買えば、そこでも新しい仕事が生まれ、商品が売れます。

もっと知りたい！

「景気」のはなし

景気のよしあしをはかるモノサシがあります。自動車が売れている、失業者が減っている、会社がおさめる税金が増えている、電気の使用量が増えているといったことは、「景気がいい」証拠です。こういったモノサシを、まとめて「景気動向指数」といい、ニュースでもよく取り上げられます。

第5章 ニュースに強くなろう

「インフレ」と「デフレ」、日本はどっちだろう

インフレは「モノの値段が上がり続ける」

　日本はいま、20年も続いている「デフレ」の中にいます。デフレは、景気が悪いことが原因で起こります。
　景気がいいと、お給料が上がって、人々はたくさん買い物をするようになります。すると「需要と供給」の関係が変わり、商品の値段が上がっていきます。商品をつくる材料も値上がりします。こうして、**いろんなモノの値段が上がっていくことを「インフレーション（インフレ）」**といいます。お給料が上がるのはうれしいことですが、インフレが進みすぎるのは困りもの。お給料が上がらない人にとっては、「モノが高すぎて買えない！」ということになるからです。

日本は20年間デフレからぬけ出せない

　反対に、景気が悪いと商品が売れなくなります。やむなく商品を値下げすると、今度は会社のもうけがなくなるので、社員のお給料も減ります。こうして**いろんなモノの値段が下がっていくことを「デフレーション（デフレ）」**といいます。
　「商品が安く買えるんだから、いいじゃないか」と思ったら、大まちがいです。デフレで商品が安くなると、会社のもうけが減り、社員の給料も下がります。すると、ますます値段を下げないと商品が売れなくなります。こうして、モノの値段やお給料が**どんどん下がり続ける悪循環のことを「デフレ・スパイラル」**といいます。日本が長いあいだデフレからぬけ出せないのも、このデフレ・スパイラルのせいなんです。

もっと知りたい！「インフレ」のはなし

ジンバブエという国でおそろしいインフレが起こったことがあります。ジンバブエドルが使われていたのですが、モノの値段が上がり続けたため、ついには「100兆ジンバブエドル」というお札が発行されたほど。お金の信用が失われてしまい、いまはアメリカドルと交換できる新しいお金が使われています。

「100兆ジンバブエドル」。ゼロの数をかぞえてみよう。

81

第5章 ニュースに強くなろう

日本の格差社会は、これからどうなる?

国は格差を小さくしようとしている

　お金持ちと、貧しい人たちの差が開いています。お金持ちはどんどんお金をもうけているのに、貧しい人たちは一生懸命働いても、お給料が増えません。こうした「格差社会」が、いまニュースになっています。私たちが暮らしている世の中は、**「資本主義」といって、みんなが自由に競争し、才能がある人や一生懸命がんばった人が成功してもうかるしくみ**になっています。でも、成功しなかったからといって、食べるのにも苦労するぐらいの給料しかもらえなかったり、子どもが学校に通えなくなったりするようでは、私たちは安心して暮らしていけません。

　そこでいま日本は、国からの働きかけによって**格差を小さくするべきだという考え方**をもとに動いています。たとえば、税金はお金持ちからよりたくさんとり、そうでない人の税金は少なくする。生活が苦しい人には**「生活保護」**といって、国からのお金を援助し、健康な暮らしを送れるようにしています。

すべての子どもを同じスタートラインに

　とくに、子どもに対しては手厚いサポートを用意しています。公立の小学校、中学校、高校の授業料は無料です。私立の中学校、高校の授業料も無償にしようという動きもあります。

　大人が競争した結果、ゴールの地点で差が生じるのは、さけられないことかもしれません。でも、競争がはじまる子どものときから差があるのは、不公平ですよね。お金がない家に生まれても、ほかの人と同じスタートラインに立てるよう、**国がサポートしている**、ということです。きみの人生は、きみのがんばりしだいですよ。

もっと知りたい！

「格差」のはなし

　かつて、格差が生じないよう国が経済を管理するべき、という考え方から「社会主義」の経済が生まれました。会社も国のもので、社員はみな平等、お給料も全員同じです。でも、働かなくてもお給料がもらえるので仕事をサボる人ばかり。結局、社会主義はうまくいきませんでした。

お金の使い方を学んだきみたちへ

おわりに

　本の最後に、私の仕事の話をしましょう。昔を思い出してみると、小学生のころから似たようなことをしていた気がします。きみたちも新しい話を聞いたら、友だちに「ねえ、これ知ってる？」と教えたくなること、ありませんか。私はいまも、そのころの気持ちのままなんです。「トランプ大統領ってこんな人だよ」と私が話をすると、みんなが「へえ～！」と驚く。それが楽しくてたまりません。
　私が就職したのは、テレビ局でした。記者として、ニュースを伝える仕事をするようになりました。でも、43歳のとき「週刊こどもニュース」という番組に出たことがきっかけで、大きく人生が変わりました。むずかしいニュースを子どもにもわかるようやさしく説明すると、みんながいっそう喜んでくれるということを知ったからです。それからは、テレビに出るばかりでなく、文章を書く仕事も増えていきました。
　私はいま、68歳になりました。でも、やっていることは、小学生のころからずっと同じです。こうして私が本を書いているのも、本を読んでくれるきみたちが「へえ～！」と喜んでくれるのを、楽しみにしてい

るからなんですよ。
　きみも将来、仕事をして、お金をかせぐようになります。もしかしたら、どんな仕事が自分に向いているか、悩んでしまうこともあるかもしれません。そんなとき、私の話を思い出してくれたら、とてもうれしく思います。
　つまり、きみがいま、「これ好きだな、楽しいな」と思っていることに、将来の仕事のヒントがかくれているかもしれない、ということです。そして、だれかが喜んでくれるようにがんばることは、本当に楽しい。働くとは、そういうことだと、私は思っています。
　そうやってかせいだお金を使うと、きみが買った商品をつくっている会社や、そこで働いている人たちが、また喜ぶ。その人たちがまたお金を使い、だれかが喜ぶ。そんなふうに、きみも、まわりのたくさんの人たちもいっしょに幸せになれるような仕事を、どうか見つけてください。私はずっと、きみたちのことを応援していますよ。

池上 彰

池上 彰 いけがみ・あきら

1950年生まれ。ジャーナリスト。名城大学教授、東京工業大学特命教授、東京大学客員教授、愛知学院大学特任教授。立教大学、信州大学、日本大学などでも講義を担当。慶應義塾大学経済学部卒業後、73年にNHK入局。報道記者として松江放送局、呉通信部を経て、報道局社会部へ。記者として警視庁、気象庁、文部省、宮内庁などを担当し、さまざまな事件、災害、消費者問題、教育問題などに携わる。首都圏向けニュース番組のキャスターを5年間務めた後、94年から11年間、「週刊こどもニュース」のお父さん役として活躍。2005年に独立。『知らないと損する 池上彰のお金の学校』（朝日新聞出版）、『14歳からのお金の話』（マガジンハウス）など、著書多数。

絵：ふじわらかずえ
デザイン：関口新平（JUN KIDOKORO DESIGN）
撮影：植 一浩
編集協力：東 雄介
編集：丸山祥子（幻冬舎）

池上彰のはじめてのお金の教科書

2018年9月 5 日　第1刷発行
2022年1月25日　第6刷発行

著　者　　池上 彰
発行人　　見城 徹
編集人　　中村晃一
発行所　　株式会社 幻冬舎
　　　　　〒151-0051　東京都渋谷区千駄ヶ谷4-9-7
　　　　　電話　03（5411）6215（編集）
　　　　　　　　03（5411）6222（営業）
　　　　　　　　振替00120-8-767643
印刷・製本所　株式会社光邦
検印廃止

万一、落丁乱丁のある場合は送料小社負担でお取替致します。小社宛にお送り下さい。本書の一部あるいは全部を無断で複写複製することは、法律で認められた場合を除き、著作権の侵害となります。定価はカバーに表示してあります。
©AKIRA IKEGAMI, GENTOSHA 2018
Printed in Japan
ISBN 978-4-344-97907-1 C8095

ホームページアドレス　http://www.gentosha-edu.co.jp/
この本に関するご意見・感想をメールでお寄せいただく場合は、info@gentosha-edu.co.jpまで。